Wolfgang Pein

Helga Bredenbrücher

I r l a n d

und ein „etwas anderes

Irisches Tagebuch"

in Wort und Bild

Bibliografische Information der Deutschen Nationalbibliothek:
Die Deutsche Nationalbibliothek verzeichnet diese Publikation in der Deutschen Nationalbibliografie. Detaillierte bibliografische Daten sind im Internet über http://dnb.d-nb.de abrufbar.

Copyright : März 2017 - Wolfgang Pein

Herstellung und Verlag:

BoD – Books on Demand, In de Tarpen 42,

D – 22848 Norderstedt – Germany -

ISBN-Nr. 9783744837996

Prolog:

Das Thema Irland umfasst inzwischen zahlreiche Erzählungen und auch Tagebücher. Einer der bedeutendsten Berichte für u n s ist das „Irische Tagebuch" von Heinrich Böll. Und weiter dazu zählt „Die Boote fahren nicht mehr aus". Diesen Bericht eines irischen Fischers haben Heinrich Böll und seine Frau Annemarie aus dem Englischen übersetzt.

Diese und auch andere faszinierende Bücher haben auch unsere Fantasie angeregt und uns „neugierig auf Irland" gemacht.

Inzwischen haben wir Irland in den Jahren 2003, 2006, 2008 und 2010 besucht – meistens jeweils für vier Wochen. Und da wir mittlerweile viele Freunde haben, die sich ebenfalls für Irland interessieren, bereits dort waren oder schon „seit Jahren" vorhaben, endlich einmal dorthin zu fahren, gibt es nun hiermit „ u n s e r Tagebuch", das die Reise 2006 betrifft, da wir darüber noch die meisten Aufzeichnungen haben. Möge es als Anregung dienen, **ein Vorhaben endlich in die Tat umzusetzen**, was wir unbedingt empfehlen können.

3. September 2006

Schon Jahre vorher hatten wir einen neuen Punkt auf unsere **Wunschliste** „Was wir im Leben unbedingt noch machen wollen" gesetzt – und das wäre **ein Besuch in Irland**. 2003 war es dann erstmals soweit. Da wir dafür aber keine konkreten Aufzeichnungen mehr haben, werden wir auf den zweiten Irland-Besuch im Jahr 2006 zurück greifen.

Auch wenn die meisten Deutschen in Irland nicht auf Anhieb zu erkennen sind, weil die mit dem Flieger auf die Insel kommen, w i r   packen zu Hause immer unser Auto und nehmen es mit. Allein zügig auf die Insel zu gelangen, das ist für uns nicht alles. Wenn man vier Wochen in Irland unterwegs ist, braucht man doch so einiges mehr, als wenn man einen Badeurlaub in einem Sonnenland macht.

Nach Irland fährt man nicht so eben zum größtmöglichen Sonnenschutzmittelverbrauch; Sonnenanbeter sollten sich eventuell ein anderes Ziel aussuchen. Doch auch wenn Irland nicht gerade als Sonnenscheinziel gilt, die Insel hat viel mehr zu bieten, als die Geschichten vom feuchten Wetter.

Irische Sprüche lauten: „Zwischen den Schauern ist immer wieder schönes Wetter" oder „Wenn es regnet, warte ein paar Minuten"!

Damit haben wir überhaupt kein Problem, ein bisschen Glück muss man eben nicht nur in Irland haben. Und von diesem Glück mit überraschend schönem und wenig Regenwetter hatten wir wohl ganz viel – Danke!

Wir jedenfalls besuchen Irland, um Land und Leute kennen zu lernen; eine Badehose ist nicht mit dabei. Dass man nicht nur von außen feucht werden kann, ist aber auch schon wahr. Dazu sind eben die zahlreichen „Pubs" da.

Wie gesagt, wir fahren immer von zu Hause aus los, nachdem wir so einiges „mehr" geladen haben, als es mit dem Flieger möglich wäre. Nicht nur für jedes Wetter, sondern auch für den Genuss zwischendurch sind einige Sachen dabei. Neben Bekleidung - für alle Fälle - nehmen wir zum Beispiel Regiestühle mit. Damit lassen sich die Pausen an den schönsten Plätzen Irlands genießen, wenn es mal länger dauern soll und sich gerade keine andere Sitzgelegenheit anbietet. Platz brauchen zum Beispiel auch unsere Bergschuhe, die passenden Stöcke und so weiter Damit dürfte die Wahl der Anreise mit dem Auto erklärt sein.

Und - wäre ein teurer Mietwagen sinnvoll, wenn zu Hause zwei Autos in der Garage stehen?

Unsere Anreisen nach Irland führen uns zunächst immer nach Cherbourgh in Frankreich.

Bis dort ist es schon für uns eine ziemlich weite Strecke, wenn man zusätzlich zu den 920 Kilometern noch etwas Druck verspürt, die Fähre unbedingt zu erreichen und bloß unterwegs keinen Riesenstau oder eine Panne zu haben. Alles läuft gut, wie immer – wir fahren pünktlich auf die Fähre.

Unser Auto hat es nicht ganz so bequem. In den verschiedensten Autodecks geht es sehr Platz-sparend zu. Dafür ist es aber bestimmt nicht einsam. Es wird sich sicherlich mit den anderen „Kollegen" unterhalten, in welcher Sprache wohl?

W i r   werden dann schon mit einem leckeren Guinness im Bauch in unserer Kabine mit Dusche und eigenem WC schlummern, w e n n   Neptun es denn zulässt.

Wir haben da schon so einige Erfahrungen damit, nicht ruhig schlafen zu können. Nach ca. 15 Stunden auf der Fähre, die mit ihren 10 Decks schon fast ein Kreuzfahrtschiff ist, vergessen wir dann aber auch sehr schnell eine unruhige Nacht, wenn wir irischen Boden betreten bzw. befahren.

----

4. September 2006

In Irland ist unser Ziel Rosslare-Harbour erreicht. An den Links-Verkehr gewöhnt man sich schnell. Schließlich fährt man zunächst von der Fähre einige Zeit in einer Kolonne, da viele hundert Autos ungefähr erst einmal das gleiche Ziel haben.

... a n g e k o m m e n !!!

... und dann

genießen wir einfach erst einmal

die ersten Eindrücke !

Wir fahren nördlich in Richtung Carlow. Dort haben wir in einem B & B am River Barrow reserviert. Nach dem Super-Sommer 2003, der uns in Irland die in Reiseberichten als normal genannten Regentropfen nur sehr spartanisch bescherte, kommen wir nun in einen Regen, der sich nicht nur aus einzelnen Tropfen zusammen setzt. Da unser Navi zu Hause liegt, machen wir uns jetzt so auf die Suche nach unserem Ziel. Einen Stadtplan haben wir nicht, einen Straßennamen auch nicht; eigentlich haben wir nur ein Bild des Hauses aus dem Irland - B & B – Katalog. Unsere Reiseauswahl an Häusern liegt schön im Koffer im Kofferraum, der mehr als gut gefüllt ist. Kramen ist da jetzt etwas schwierig.

Carlow ist proppenvoll - was ist denn hier wohl los? Dass alle auf uns gewartet haben, das kann ja nicht sein; hier kennt man uns doch noch gar nicht. Obwohl ein Mann – fragt Wolfgang einige Leute im Ort nach dem Weg - ist schließlich ein Notfall. Mangels Straßennamen fragt er, ob jemand das Haus erkennt. Und welch ein Glück! Ein junger Mann aus einer Gruppe klärt uns auf: „Das ist doch das Haus meines Onkels!"

Und so finden wir auch endlich unsere Unterkunft für die nächsten zwei Nächte, die „Barrow Lodge".

Hier klärt man uns auch gleich auf, warum es heute in Carlow so voll ist. Morgen ist große Einschulung im Ort, und viele kaufen noch die Schul-Uniformen. Daher kommt also der Menschen-Auflauf! Also doch nicht wegen uns.

Leider regnet es noch immer. Doch was soll`s – wir machen erst mal einen Bummel durch den Ort. Wolfgang wundert sich unterwegs über nasse Füße. In seinen Schuhen fühlt es sich an, als ob er durchs blanke Wasser geht, so pitschnass sind Socken und Schuhe. Wieder im B & B ankommen, da bemerkt er die Bescherung: Die Sohle eines Schuhs hat nicht nur ein Loch – sie ist komplett durchgebrochen und hat somit einen Riesenriss, durch den die Flut ungehindert eindringen kann. Dabei sind wir gar nicht am Meer – noch nicht wirklich. Zum Glück hat er ein zweites Paar Schuhe dabei. (Scherz !)

Mit trockenen Socken und Schuhen machen wir uns erneut auf den Weg. Wir suchen ein nettes Restaurant zum Abendessen. Das finden wir auch mit dem Namen „Aristide". Wir sind in Irland, in einem französischen Restaurant und essen italienische Nudeln! Passenden leckeren Wein gibt es auch, und so genießen wir alles zusammen, was nicht so gut am heutigen Tag begonnen hat.

Auf dem Rückweg zu unserem Haus mit immer besser werdender Stimmung – der Regen hat aufgehört – finden wir einen sehr schönen Pub. Im „Nancy-Whiskey" gibt es unsere ersten Guinness vom Fass. Wir haben auch sofort Kontakt mit den Einheimischen. Wir sind mal wieder – wie so oft – die einzigen „Fremden" dort, was uns meistens auch sehr lieb ist, wollen wir doch Irland genießen und keine Reisegruppen. Helga bekommt ein Gastgeschenk überreicht – einen Kugelschreiber mit irischen Motiven.

Wohlgestimmt und sehr zufrieden mit dem Tagesabschluss finden wir zum B & B zurück.

Gute Nacht erster Tag in Irland !

----

5. September 2006

Irisches Frühstück und Sonnenschein erwarten uns heute Morgen – welch ein schöner Tagesbeginn. Im freundlichen Frühstücksraum gibt es rege Konversation mit englischen Urlaubern. Unser „Englisch" ist somit gleich gefordert, aber alles ist gut. An den Wänden hängen Bilder mit Personen in allen möglichen Posen und Gesichts-Ausdrücken, die einen beim Ansehen sofort ein Lächeln abverlangen. Freunde des Hauses haben diese Bilder gemalt.

Wir machen noch einmal einen Bummel durch Carlow. Im Sonnenschein sieht doch alles gleich viel freundlicher aus, und die Stadt ist heute nicht mehr überfüllt.

Am Nachmittag fahren wir zum „Altamond-Garden". Der ist einer der vielen gepflegten Gärten in Irland. Blumen wechseln sich mit Bäumen ab, und es geht teilweise über Stock und Stein – sehr viel Natur eben, wie wir es lieben. Der Fluss „Slaney" schlängelt sich teilweise an den Wegen entlang und lädt ein, eine Pause einzulegen und frisches Baguette und irischen Cheddar-Käse zu genießen.

Wir verbringen dort eine lange Zeit. Der Himmel zeigt ein wechselndes Wolkenspiel. Es bleibt aber trocken – ein ganz anderer Tag als der gestrige Empfang in Carlow.

Auf der Rückfahrt nach Carlow finden wir den „Brownshill-Dolmen", der schon 4300 Jahre auf seinem steinigen Buckel hat – einem Hünengrab ähnlich. Es ist immer wieder bei diesen Anblicken erstaunlich, wie Menschen in so früher Zeit - ohne die heutige Ausrüstung -   es fertig gebracht haben, solche ungeheuer großen und tonnenschweren Felsen auf die senkrechten Steine zu bekommen.

Im B & B angekommen und kurz frisch gemacht, suchen wir alsbald eine gute Adresse für unser nächstes Abendessen. Wir finden das „Teache Dolmain" – eigentlich ein Spitzen-Pub, sehr groß und mit angeschlossenem Restaurant.

Für uns gibt es heute Abend für Helga eine Lamm-Keule und ein Irish-Stew für Wolfgang. Irish-Stew haben wir in Irland oft probiert, immer gut, mit Lammfleisch, Kartoffeln, Karotten und weiteren Zutaten – aber oft auch etwas anders zubereitet.

Auf dem Heimweg gibt es noch einen Absacker bei „Tommy" vom „Nancy-Whiskey" – oder waren es etwa auch zwei?

Tommy schenkt uns zwei Original-Guinness-Gläser zum Abschied, denn morgen fahren wir weiter in Richtung Norden. Tommy meint, wir sollen ihm als Dank dafür doch einfach eine Karte aus Germany schicken. Er schreibt uns seine Adresse auf ein Blatt Papier, und alles sieht sehr abenteuerlich aus. In Deutschland haben wir später diesen Zettel, der nicht abschreib-bar war, einfach als Anschrift auf eine Karte geklebt, und wenn das in Irland dann nicht ankommt, dann haben wir es wenigstens versucht.

----

6. September 2006

Das Wetter ist wieder schön. Unsere Reiseroute soll uns heute nach Boyle führen. Dort kommen wir dann nach immer wieder tollen landschaftlichen Eindrücken an und machen im „Abbey House" Station. Das ist ein altes viktorianisches Herrenhaus und liegt direkt neben der alten ehrwürdigen Boyle-Abbey. Das Haus ist wunderschön eingerichtet. In einem Museum darf man nichts anfassen, aber hier ist alles für den Gast offen. Als Begrüßung serviert man uns Tee und Gebäck. Voller Freude von unseren ersten Eindrücken reservieren wir gleich für die nächsten Tage. Für diese erste Nacht steht nur ein Zimmer mit einem Bad nebenan bereit, das aber nur für uns reserviert ist. Der Hausherr meint: „Morgen bekommt Ihr für die nächsten beiden Nächte dann das schönste Zimmer, das wir haben. Und um Euer Gepäck braucht Ihr Euch gar nicht zu kümmern. Das räumen w i r für Euch gerne um." Unser neues Zimmer war fast ein Tanzsaal mit hohen Decken und Twin-Betten, mit Sesseln als Sitzgelegenheiten und einem Sekretär, einfach schön. Zum Haus gehören auch Katzen. Ein Kater legt sich gleich auf Wolfgangs Schoß, als wir entspannt auf einer Bank vor dem Haus sitzen.

Als wir uns wieder bewegen dürfen, besichtigen wir die alte Abbey nebenan. Die ist aus dem 12. Jahrhundert. Nicht weit davon steht das „Kings-House" – ein früherer Wohnsitz von Königen. Es ist ein großes Gebäude, in dem auch Ausstellungen sind. Dort kann man zum Beispiel sehen und fühlen, wie es ist, wenn man früher in einem Kerker untergebracht war. Was haben w i r es mit dem Abbey-House doch gut getroffen.

Viele Touristen sind in Boyle nicht zu sehen. Anscheinend starten die nach dem Besuch der beiden zuvor genannten Gebäude gleich wieder weiter durch, zu anderen Zielen. Nach dem Abendessen in einem Hotel, wo die Mädchen netter als das Essen waren, besuchen wir einen Pub. Dort ist eine merkwürdige Stimmung. Irgendwie hat man das Gefühl, man ist in einem Schweigegelübde-Kloster. Die Männer an der Bar reden kein Wort und sehen fern, allerdings Nachrichten, die wir schon von gestern kennen. Noch merkwürdiger wird es, als wir mit einem älteren Paar neben uns ins Gespräch kommen wollen. Das ist besonders in Irland eigentlich völlig normal, und normal ist es auch, dass Fremde zuerst angesprochen werden. Die häufigsten Fragen sind dann immer an den Mann = „Was für ein Auto hast Du?" und an die Frau = „Wie viele Kinder habt Ihr?"

Wir hören von unseren „Nachbarn": so etwas von der Frau wie gezischt: „… nicht mit denen reden – das sind Germans!"

So etwas sind wir nun wirklich nicht gewohnt. Eigentlich an bisher keinem einzigen Ort. Ist diese Frau etwa eine Fußball-Fanatikerin? Könnte es möglich sein, dass sie sauer ist, weil Irland kurz zuvor gegen Deutschland 1 : 0 verloren hat?

Was sind wir froh, dass wir n i c h t in Andorra sind, denn die haben 13 : 0 gegen uns verloren.

Ein Lokalwechsel ist wohl dringend angesagt. Aber man findet in Irland immer einen Ort, an dem man willkommen ist und den Abend fröhlich und gut gelaunt ausklingen lassen kann.

----

7. September 2006

Und wieder Sonnenschein beim Frühstück. Dies findet im herrschaftlichen Frühstücksraum statt. Der Chef des Hauses serviert persönlich. Die Auswahl ist wie überall reichlich. So gestärkt kann man beruhigt seine Ausflüge planen – Hunger wird sich so schnell nicht einstellen.

Wir fahren zum „Logh Key" und danach noch zum „Logh Arrow". Dies sind zwei Seen in der Nähe – die Landschaft ist eine Augenweide, Genuss pur. Am Nachmittag machen wir noch einen Ausflug in den „Forrest Park". Dort steht auch eine alte Abbey mit Sitzgelegenheiten auf der Wiese davor.

Dies ist mal wieder ein sehr interessanter Platz für uns und unser morgens immer frisch geholtes Baguette und unser Stück Cheddar. So sind wir immer unabhängig, falls doch einmal der kleine Hunger auftritt. Denn manchmal sehen wir stundenlang kein Dorf und keinen Menschen – uns fehlt aber nichts. Irlands Natur entschädigt reichlich. Der See im Park ist für uns heute zur Umrundung zu groß, aber die Teilstücke ergeben auch so einen sehr schönen Spaziergang.

Am Abend besuchen wir den „Creighton's Pub". Hier ist eine tolle Atmosphäre. Die sehr hübsche Chefin heißt Sylvia. Helga mag heute „Bayleys on ice", da Guinness so viel Platz im Bauch wegnimmt. Den Platz im Bauch übernimmt Wolfgang.

Sylvia schenkt Helga zum Abschied ein Original-Bayleys-Glas. Nach einer Gegenleistung gefragt sagt sie: „Ein Foto von diesem Abend mit mir und Euch wäre sehr schön!" Das ist wohl machbar, und wir werden das von zu Hause aus nach Boyle schicken.

----

8. September 2006

Wir sind immer noch in Boyle. Nach dem wieder tollen Frühstück im Ambiente, das man ansonsten nur im Museum sieht, besuchen wir heute „Stokstone House & Garden". Das ist auch ein sehr alter Landsitz, fast ein kleines Schloss. Der Garten ist sehr schön, die angeschlossene Ausstellung ebenfalls, obwohl diese natürlich nicht mit dem Prädikat schön geschildert werden kann, da sie das frühere harte Leben der Hungersnot-Auswanderung zeigt. Aber auch so etwas gehört zur Geschichte Irlands, und auch diese Seite sollte der interessierte Besucher zumindest zur Kenntnis nehmen.

Am frühen Abend zurück in Boyle erwartet uns heute das "Clark´s", ein sehr gutes von unserem Hausherrn empfohlenes Restaurant. Dort ist es eigentlich voll; zum Glück bekommen wir noch einen Platz ohne am Katzentisch zu sitzen. Im Gegenteil – am Tisch sitzen bereits drei Katzen! Eine davon heißt Fiona. Sie ist Lehrerin und war auch schon einmal in Münster zu Besuch. Sollte dies wieder einmal der Fall sein, so könnten unsere Töchter ja die Stadt-Führung übernehmen. Aber das wird schwierig für die Töchter, die hübsche Fiona würde sicher auch gern von unserem Sohn begleitet.

----

9. September 2006

Heute heißt es Abschied von Boyle nehmen. Wir trennen uns also jetzt von der sehr netten Besitzerin vom „Abbey House", Mrs. Christine Mitchell und ihrem Sohn „Mr. Joke", den wir so nannten, da er immer zu einem Scherz aufgelegt war – Scherze, die sogar auch wir verstanden.

Unser heutiges Ziel heißt Donegal nach der gleichnamigen Grafschaft im Nordwesten Irlands. Wir fahren wieder einmal durch eine sehr schöne Landschaft und vorbei am „Benbulben", einem wirklich sehr interessanten Gebirge. Der Benbulben ist ein Tafelberg. Sein oberer Teil versteckt sich zwar im Nebel, aber der Rest sieht immer noch richtig imposant aus.

Donegal ist für irische Verhältnisse eine größere Stadt. Wir suchen ein passendes B & B. Die ersten beiden Häuser sind bereits voll. Dann finden wir das „Ballinderg-House". Als Wolfgang dort schellt, hat er das Schild im Fenster „No Vacancies" (keine Zimmer frei) nicht gesehen. Zum Glück, denn als der Hausherr öffnet, stellt sich heraus, dass dieser nur das Schild noch nicht entfernt, aber für uns ein freies Zimmer hat.

Wir bekommen ein wunderschönes großes Zimmer mit tollem Ausblick über den hauseigenen Park hinweg auf die „Donegal-Bay". Eine Treppe höher befindet sich ein Aufenthaltsraum für die Gäste, sehr hübsch eingerichtet und natürlich mit Tee- und Kaffee-Zubereitung und Gebäck. Auch der Frühstücksraum, ebenfalls mit Blick auf die Bay, den wir schon einmal gezeigt bekommen, ist sehr schön, sehr exklusiv ausgestattet, und die Hausfrau ist eine richtige Lady.

(Anmerkung: Zwei Jahre später stand dieses Haus leider nicht mehr als B & B zur Verfügung; man sollte sich evtl. bei der Planung vergewissern, ob dies wieder möglich ist)

Unser erster Ausflug in die City von Donegal (das B & B ist ca. 10 Fußminuten entfernt) führt uns über einen sehr alten Friedhof, auf dem noch die Reste einer alten Abbey stehen – die Reste eines Franziskaner-Klosters. Weiter an der Bay entlang gelangt man ohne Autoverkehr dann direkt in die Stadtmitte.

Nach Cappuccino und Scones am Nachmittag haben wir für den Abend im „Harbour-Restaurant" reserviert, das eine sensationelle Speisekarte hat. Es gibt Monk-Fisch-Medaillons, Tortillas mit Rindfleisch, Gemüse und leckeren Wein.

Gut gestärkt geht es in den Pub „The Scotsman".
Dort ist schon eine sehr gute Stimmung.   Es gibt
Irische Musik – so wie wir sie mögen – traditionell.
Hier im Pub treffen wir auf „Deutsche".   Nicy und
Wolfgang aus der Nähe vom Bodensee sind es, und
es wird nicht dabei bleiben, uns nur hier zu sehen.
Wir verbringen den ganzen Abend bis nach
Mitternacht im Pub. Während des Abends stellt sich
heraus, dass wir alle im selben B & B wohnen – was
ein Zufall.   Anschließend geht es gutgelaunt nach
Hause.   Unser Weg führt uns über den genannten
Friedhof.   Wir sind – zugegeben – etwas zu gut
gelaunt.   So „marschieren" wir und singen dabei
das Lied aus dem „Dschungel-Buch von Colonel
Hatty`s Elefantentrupp, der auf Patrouille" ist.

10. September 2006

Unser heutiges Ziel ist „Glencolumbkille", tief im Westen von Donegal. Zuvor treffen wir bei einem Zwischenstopp erneut auf Nicy und Wolfgang. Auch die beiden hatten unabhängig beschlossen, nach Glencolumbkille" zu fahren. Dort treffen wir dann mit beiden Wagen am Heritage - Center ein. Man kann schauen, wie die Menschen früher dort lebten, und w i r beschließen, lieber keine Zeitreise zurück zu machen. Wir gönnen uns alle miteinander im Cafe des Centers erst einmal Cappuccino und Scones, und weil wir keine Reste übrig lassen, scheint auch wieder die Sonne.

Wir machen einen Dünenspaziergang und gehen an einem Süßwasser-Zulauf zum Meer entlang. Dieser Zulauf mit einer uralten Hütte sollte in einem meiner späteren Schaf-Romane („Schafe brauchen auch mal Urlaub") mit den irischen und schottischen Schafen Bunglass und McGregor noch eine wichtige Rolle spielen. Am Sandstrand schauen wir den Wellen zu, was wir als sehr beruhigend und schön empfinden. Dann gesellt sich noch ein irischer Hund hinzu, dem wir „Stöckchen holen" beibringen, aber vielleicht findet ja „er" es lustig, Touristen zu beschäftigen.

... wieder einmal ein Zufalls-Treff

... Heritage – Center Glencolumbkille

Wieder war es ein schöner Tag – es hat nicht weiter geregnet, die Landschaft ist einfach nur zum genießen toll, mit netten Menschen unterwegs, was will man mehr als das und Meer.

Am Abend genießen wir erst einmal ein Super-Essen im „Abbey-Hotel" in Donegal.   Es gibt für uns Donegal - Lammrücken, ein Gedicht.   Helga wollte ein Glas chilenischen Wein bestellen, da dieser ihr immer gut bekommt.   Leider war der gerade aus.   Aber - am Nachbartisch sitzt eine ältere irische Dame, die anscheinend dort Stammgast ist.   Vor ihr steht eine halb-volle Flasche.   Nach freundlichem Blickkontakt während unseres Aufenthalts im Restaurant kommt sie zu uns an den Tisch und „schenkt" uns ihre Flasche Wein.   Sie hat wohl unsere Wein-Bestellung gehört. Und – ihre Flasche ist die letzte Flasche Chile-Wein, die an diesem Abend noch im Bestand war.

Wenn dies nicht wieder einmal ein Beweis für die überaus bemerkenswerte Gastfreundschaft der Iren ist.   So ein tolles und auch nicht gerade ein preiswertes Geschenk, kaum zu glauben, aber wir waren dabei – es ist wirklich wahr.

Nach diesem Erlebnis geht`s wieder zum „Scotsman" Pub. Dort treffen wir wieder auf Nicy und Wolfgang – diesmal sind wir dort verabredet. Es wird wieder irische Musik bis nach Mitternacht geboten, und es herrscht wieder eine tolle Stimmung. Auch der Wirt greift ins Geschehen ein und beteiligt sich mit Akkordeon und Stimme an der durchgreifenden Heiterkeit im ganzen Pub – wieder einmal Irland live!

Sollen wir noch erwähnen, wie wir wieder nach Hause kamen?

Genau – Sie haben es sich wohl schon gedacht! **„Colonel Hatty" war a u c h in dieser Nacht unterwegs.**

----

11. September 2006

Nicy und Wolfgang wollen ins Landesinnere von Irland – wir wollen in den Norden. Somit heißt es Abschied nehmen.

Wir fahren also an die Nordküste Irlands. Vorbei geht es am Flughafen Donegal und weiter nordwärts, bis es mit dem Wagen nicht mehr geht. Vor uns sehen wir hohe Dünen. Wir klettern hinüber und sehen die See. Hinter den Dünen verbirgt sich ein sehr schöner Strand. Und interessant sind auch einige Stellen, wo die Natur wohl in langen Jahren Steine bearbeitet hat, dass diese richtig schöne Muster zeigen. Es gibt bizarre Felssteine und Muschelbänke.

An solchen Orten, wenn kein Auto mehr weiter kommt, trifft man - so unsere Erfahrung – selten auf weitere Erdbewohner. Es ist still, es ist traumhaft schön. Und wir genießen dies alles wieder einmal mit frischem Baguette und dem geliebten Käse.

Dann fahren wir nach Crolly, nur noch ca. 30 km von Nordirland entfernt. Dort ist „Leos Pub". Das ist der Pub von „Clannad und Enya". Zwei Brüder von Clannad haben wir in Münster schon mehrfach zusammen mit der Gruppe „Norland Wind" gehört.

Wieder in Donegal genießen wir nach der vielen frischen Luft erst mal ein Schläfchen, auch um der vermutlich nächsten langen Nacht vorzubeugen.

So hören wir auch gar nicht ein Klopfen an unserer Tür. Etwas später stellt sich dann heraus, dass Nicy und Wolfgang ihr Tagesprogramm abgeschlossen haben und wieder nach Donegal zurück gekommen sind. Somit können wir uns alle auf einen weiteren gemeinsamen Abend freuen.

Wir haben bereits erneut einen Tisch im „Abbey Hotel" geordert. Heute gibt es Lachs für Helga und Irish Stew für Wolfgang – natürlich wieder einmal unheimlich lecker.

Aber dann treffen wir uns alle wieder im „Scotsman". Wieder gibt es bis zum Abwinken irische Musik. Heute singt auch die Wirtin und ihr Mann greift unterstützend mit dem Akkordeon ein. Wie geahnt – die Stimmung steigt wieder mit jedem Guinness. Nach Erklingen der irischen Nationalhymne geht es nach „Hause". Und ? Nein, heute geht es nicht über den Friedhof, heute sind wir friedlich. Wir nehmen den etwas längeren Weg an der Straße entlang. Wer weiß, ob heute nicht eine Bürgerwehr auf uns warten würde – dreimal Lärm ist auch zuviel.

----

12. September 2006

Sonne und schon wieder Abschied von unseren neuen Freunden – eben Freud und Leid. Aber die beiden wollen nun wirklich noch einmal richtig ins Inland von Irland. Und w i r wollen gen Westen, Richtung Halbinsel Mullet, nach Bangor.

Bei diesem Abschied voneinander verabreden wir, dass unsere nächste Begegnung k e i n Zufall sein soll. Wir werden uns am 14. 9. um 20.00 Uhr in Westport in einem bekannten Pub noch einmal treffen.

Unsere Fahrt ist wieder landschaftlich atemberaubend schön. Irland besteht wohl zu ¼ aus National-Parks. Die Farben der Landschaft wechseln sich munter ab – von den verschiedenen Grüntönen über braune Moortöne, Blautöne von Gewässern bis hin zu vielfältigen Formen und Farben der Berge – Fotomotive also ohne Ende!

In diesem Urlaub kommen deshalb auch wieder an die dreihundert Fotos zusammen – und dies, obwohl wir am Abend bereits immer aussortieren.

In Bangor schauen wir uns nach einem B & B um. Im ersten davon war niemand da, und wir werden uns ganz schnell einig, dass wir doch noch weiter fahren – weiter Richtung Halbinsel Mullet, ganz im Nordwesten Irlands.

In Belmullet, direkt vor dem Übergang zur Halbinsel, finden wir ein passendes B & B – das „High Drift" mit Blick auf einen schönen Meeresarm.   Im Anschluss machen wir einen Abstecher direkt auf die Halbinsel.

Wir genießen herrliche Ausblicke auf den Atlantik mit seinen tosenden Wellen.   Außerdem finden wir einen beeindruckenden alten Friedhof mit den Resten einer alten Abbey.   Erstaunt sehen wir einen Steinkreis vor uns, der wohl drei Meter hohe Elemente hat.   Auf dem Bild davon kann man sehen, wie Helga hinter einem hervor schaut.

Nach wieder viel frischer Luft lassen wir uns heute Abend im „Seafood-Restaurant" in Belmullet nieder und genießen leckeren Lachs.   Im internen Irland-Bewohner-Pub gibt es für uns noch zwei Absacker. Musik gibt es heute nicht, auch keine Touristen, aber wir haben nette Unterhaltungen mit den Einheimischen.

Nur ein paar Fußminuten sind es zurück zu unserem hübschen Haus.

13. September 2006

Noch einmal fahren wir direkt auf die Halbinsel, um uns auch noch den Rest anzuschauen, diesmal den nördlichen Teil. Wir entdecken einige interessante Dinge, die vom Kulturverein des Kreises dort verteilt anzutreffen sind. Dabei handelt es sich auch um moderne Objekte, die aber mit der Kultur des Landes oder Ereignissen zu tun haben.

Ab und zu gibt es einen Schauer. Und da Schuhe und Hosen heute etwas feucht geworden sind, fahren wir zum B & B zurück. Es ist auch die Zeit für einen Mittagschlaf. So viel frische Luft macht auch ein bisschen müde – sicher geht es auch anderen so.

Beim Erwachen ist das schöne und sonnige Wetter wieder zurück gekehrt. Gut erholt und mit neuem Elan fahren wir noch einmal auf die Halbinsel, den nördlichen Teil. Wir fahren wieder die kleinsten und schmalsten Wege, so wie wir es lieben, und müssten eigentlich inzwischen jeden auf Mullet kennen. Touristen sehen wir den ganzen Nachmittag keinen – wir sind mal wieder ganz unter uns. Schöne Fleckchen gibt es natürlich auch dort, wo wir genüsslich unter freiem Himmel frische Brötchen und Dubliner Käse genießen.

Um 18 Uhr fahren wir zurück nach Belmullet. Doch was ist denn das? Kaum zu glauben, aber schon wieder wahr! Vor dem B & B steht der Leihwagen von Nicy und Wolfgang, den wir ja inzwischen kennen. Die beiden können n i c h t wissen, dass auch wir hier im Haus sind, denn bei ihrer Ankunft war unser Auto ja nicht da, und verabredet sind wir hier nun wirklich nicht. Beide vermuten uns ja wohl in Bangor, und eigentlich wollten die beiden ursprünglich auch gar nicht hier hin.

Wir fragen unsere Vermieter zur Sicherheit nach den Menschen vom Leih-Corsa. Und unserer Beschreibung nach bestätigen sie uns, dass es tatsächlich unsere neuen Freunde sind, die zufällig auch hier im Haus gebucht haben. Die beiden sind im Ort, um etwas zu Essen, sagt man uns.

Da auch wir nach einem weiteren leckeren Essen trachten, machen wir uns – diesmal zu Fuß – auf in den Ort. Wir schauen in jeden Pub und in jedes Restaurant, an dem wir vorbei kommen. Und wir wechseln uns beim Schauen immer ab - soll heißen, einer wacht immer darüber, dass nicht in der Zeit der Nachschau die beiden aus einem Haus kommen und uns entwischen.

Dann werden wir fündig !!!   Kurz vor dem Ende der Möglichkeiten sieht Wolfgang unsere Freunde in einem Pub, gerade ihr Essen vor sich.   Wolfgang hat sich ran geschlichen und von hinten dem „anderen" Wolfgang die Hand auf die Schulter gelegt, mit den Worten: „Na, alter Junge, auch hier?"

Wie vom Donner gerührt schauen sich Wolfgang und Nicy um.   „Nein, das gibt es doch gar nicht!" Doch – es scheint wohl ein Urlaub der Überraschungen zu sein.

Wir lassen die beiden mit ihrem Essen in Ruhe allein und gehen wieder ins „Seefood".   Es gibt heute „Crab & Prown-Meat-Salad" für Helga und „Rindfleisch in Guinness" für Wolfgang.

Bald kommen – wie jetzt verabredet – Nicy und Wolfgang zu uns.   Wir trinken mit Super-Laune den eckigen Tisch ein wenig rund und haben sehr viel Spaß.

Am nächsten Morgen werden wir uns wieder einmal trennen.   Die beiden wollen noch ein wenig die Halbinsel erkunden, mit unseren Tipps in der Tasche.   Aber wir werden uns ja dann in Westport treffen, pünktlich um 20 Uhr vor dem „Mat Malloys".

----

14. September 2006

Abfahrt nach Westport – wieder im Sonnenschein. Eine grandiose Landchaft begleitet uns wieder links und rechts vom Wege. Westport ist ein größeres und sehr munteres Städtchen. Es ist im Augenblick besonders viel los und somit noch voller als sonst. Denn – alles wartet auf das Endspiel der internen Irischen Fußballmeisterschaft zwischen Mayo und Kerry.

Unterkunft finden wir im „Hillcrest". Dort haben wir ein Twinbett-Zimmer. Die Vermieterin ist eine Süße und Hübsche und heißt Una Ruane.

Ein erster Bummel durch Westport steht an. Es gibt viele Geschäfte und Pubs, und bei Super-Wetter herrscht reges Treiben. Abendessen gibt es heute bei „Mc Gings", Lammkoteletts mit Minzsoße und Limerick-Ham (Schinken) mit Chips und Salat. Es ist ein schöner Pub und lädt zum Verweilen ein. Aber wir sind ja erst einmal verabredet.

So ist es, denn Nicy und Wolfgang warten bereits vor dem Pub. Das „Mat Malloys" steht in vielen Reiseführern, evtl. auch deshalb, weil es einem Mitglied der bekannten Gruppe „Chieftains" gehört.

Dem entsprechend sind dort auch viele Touristen. Auch wenn wir selbst „Touris" sind, wir wechseln das Terrain. Diesen Rummel müssen wir nicht haben.

Nach etlichen Abschieds-Drinks verabschieden wir uns jetzt um 00.30 h aber endgültig von Wolfgang und Nicy. Die beiden müssen nach Dublin. Ihr Rückflug nach Deutschland steht an.

Und ganz sicher ist es auch, dass wir uns alle einmal wiedersehen. Es kann ja nicht umsonst so viele zufällige Zufälle gegeben haben, um sich dann zu verlieren.

(Anmerkung: Inzwischen ist es 2017, wo wir dieses Irische Tagebuch schreiben. Unsere Freundschaft besteht noch immer. Und alle zwei Jahre sehen wir uns in Weingarten wieder, wenn wir auf dem Wege nach Norditalien in die hohen Berge sind. Nicy und Wolfgang haben auch schon einen Besuch hier bei uns im Münsterland gut überstanden.

----

15. September 2006

Wunderschönes Wetter! Sorry, wenn wir viele Berichte, die sich vorliebend mit Irlandwetter beschäftigen, etwas durcheinander bringen. Aber zu unserem Glück ist unsere Schönwetter-Erwähnung wirklich wahr, und wir sind sehr dankbar dafür.

Heute geht es nach „Achill – Island". Dies ist durch eine Brücke verbundene Insel. Die Fahrt auf dem „Atlantic – Drive" ist wunderschön. Wieder gibt es tolle Ausblicke auf die Brandung und die Cliffs. Und hier gibt es zum Glück keine Hunderte von Touristen – wie z. B. bei den Cliffs of Moher". Alle 50 Meter könnte man Anhalten und tolle Fotos machen. Hinter jeder Ecke gibt es Schönes und Neues zu betrachten.

An den „Minaun - Cliffs" machen wir eine Rast am menschenleeren Strand – fast drei Stunden lang. Dann fahren wir noch zum Ende der Insel und halten auf der Rückfahrt (noch auf der Insel) im „westlichsten Pub v o r Amerika" an. Zwischen dem Pub und Amerika liegt nur noch der Atlantik. Wieder gibt es Cappuccino – diesmal also dort bei „Gielty`s" in Donagh.

Auf unserer Fahrt kommen wir natürlich auch an einem Golfplatz vorbei. Diese gibt es in Mengen in Irland, sowohl auch in Schottland. Witzig ist, dass anscheinend auch Schafe große Golffreunde sind. Diese liegen nämlich – anscheinend mit Vorliebe – in den „Sandkuhlen" auf dem Golfgelände. Überall haben sie es sich dort gemütlich gemacht.

Zurück in Westport vermissen wir Wolfgangs Weste. Darin ist die Digitalkamera mit allen Bildern, die wir bis jetzt gemacht haben. Schreck !!! Unsere Überlegungen ergeben, dass wir die Weste wohl auf „Achill Island" vergessen haben. Und dort kann es eigentlich nur bei „Gielty`s" gewesen sein, denn dort hatten wir Rast gemacht. Wolfgang hatte die Weste über seine Stuhllehne gehängt, weil es sehr warm war. Als wir hinaus gingen, muss dies wohl total untergegangen sein. Es ist für heute zu spät, um noch einmal nach dort zu fahren. Und würde es überhaupt einen Zweck haben?

Wir erzählen diese Story unserer lieben Vermieterin Una. Sie sagt uns: „Ich werde gleich einmal meine Schwester anrufen. Die lebt auf „Achill Island". Die wird dann weiter versuchen, ob sie etwas erreichen kann. Geht Ihr aber in Ruhe erst einmal zum Essen."

Mit zerknirschtem Bangen um unsere Kamera, vor allem aber mit Bangen um die schönen eventuell verlorenen Bilder, gehen wir zum Essen zu „Mango`s". Krebsfleischklöße, paniert, Gemüse und Chili-Soße gibt es für Helga und Lammkoteletts für Wolfgang - wieder einmal allererste Sahne.

Den Chefkellner vom „Mango`s" kennen wir bereits seit gestern. Den haben wir im „Henehan`s" getroffen. Wir haben uns dort gut mit ihm, den wir „Mr. Malaysia" nennen – weil er von dort kommt – unterhalten. Und natürlich hat er uns dort auch gleich das „Mango`s" zum nächsten Essen empfohlen. Das war ein guter Tipp. Jetzt beim Essen erzählen wir auch ihm von der verlorenen Weste. Und er meinte: „Moment, das erzähle ich sofort meinem Chef. Der hat einen Freund auf „Achill-Island".

Wir haben unser Abendessen noch nicht einmal ganz auf, da kommt „Mr. Malaysia" voller Freude strahlend an unseren Tisch und sagt: „Ich habe mit dem Chef gesprochen und der hat auch sofort reagiert. Hier – diese Nachricht soll ich Euch bringen." Darauf steht: „ Die Weste wurde gefunden und kann abgeholt werden. Wenn niemand da ist, sie liegt auf der Eismaschine!"

Die Vermutung „Gielty`s" war also richtig.

Der Abend ist gerettet!   Voll der Freude und mit neuem Elan wechseln wir in den nächsten Pub. Der heißt „Hoban`s".   Und wir haben wieder einmal Glück mit der Musik.   Wieder sind wie die einzigen „Touristen" im Pub, und es gibt richtig gute keltische Musik.   Fiddel, Flöte, Akkordeon, Tin-Whistle, alles ist dabei.   Auch hier herrscht wieder eine Super-Stimmung.

Um 00.30 h gehen wir nach Hause.   Und wir freuen uns jetzt schon darauf, am Morgen wieder nach „Achill Island" zu fahren, um die Weste abzuholen.

Im „Hill Crest" angekommen, hängt an unserer Zimmertür eine Nachricht.

„West was founded, more tomorrow morning, good night, Una!"

Da hat doch halb Westport nach unserer Weste geforscht und viel telefoniert.   So kennen wir die Iren – furchtbar nett und immer hilfsbereit, DANKE !

16. September 2006

So fahren wir also noch einmal nach „Achill Island", finden die Weste, genießen noch einmal die wunderschöne Landschaft und fahren anschließend zu einem Mittagschlaf zurück nach Westport.

Nach einem weiteren ausgiebigen Stadtbummel und leckerem Abendessen mit Einheimischen besuchen wir noch einmal „Hoban`s". Und wieder gibt es dort richtig schöne traditionelle Musik – mit Gesang, Piano, Tin Whistle, Akkordeon und Bodhran. Ein hübsches Irish-Girl steht auf und tanzt wie bei „Riverdance" durch den Pub.

Kaum zu glauben – heute sitzen mit an unserem Tisch zwei Deutsche. Wie sich heraus stellt, wohnen a u c h sie in unserem B & B - Zufälle gibt es, wo Westport nun wirklich nicht gerade klein ist! Auch sind einige Gäste einer angereisten Hochzeits-Gesellschaft da, einige sitzen bei uns am Tisch, andere an den Nachbartischen. Es findet eine angeregte Unterhaltung statt.

Und dann steht „Frank" auf, der den ganzen Abend als einziger k e i n Wort gesagt hat, holt seine Tin-Whistle heraus und fängt an zu Spielen. Irland live wieder einmal!.

Ja – und dann passiert das, was bei dem sehr lustigen Abend hätte nicht passieren dürfen.

Wir verpassen die „ last order „.   Das heißt: Ein weiteres Guinness ist jetzt nicht mehr möglich – der „Kran" ist zu.

Wir bleiben aber noch eine ganze Weile, bis jeder ausgetrunken hat und beschließen dann wieder einen wunderbaren Tag in Irland.

----

17. September 2006

Heute findet das große Spiel Mayo gegen Kerry statt, das interne irische Endspiel im „Irish Football". Diese beiden Namen stehen für große „Bezirke". Es ist so, als ob Nordrhein-Westfalen gegen Bayern spielt. Seit Wochen freut man sich hier schon auf das Spiel. Ganz Westport ist geschmückt – überall wehen Fahnen, auf den Straßen, den Autos und allen Häusern.

W i r haben ja immer an unserem „German Car" die Deutsche und die Irische Flagge auf dem Dach an der Antenne befestigt. Die sind so zusammen genäht, dass die eine Seite Deutsch und die andere Seite Irisch zeigt. Man sagt uns mehrmals, dass dies sehr diplomatisch ist und nennt unseren Wagen „the German two flag – car".

Heute ist für uns der letzte Tag in Westport. So gibt es noch einmal einen Streifzug durchs Städtchen. Einige Geschenke für Freunde fallen noch an und natürlich ein Original Guinness-Hemd, das ich bei besonderen Anlässen immer wieder gerne trage, besonders, wenn auch ein leckeres Guinness im Spiel ist. Aber wir gönnen uns heute erst noch ein paar entspannte Momente, bevor das Spiel beginnt – muss auch mal sein.

Die Stimmung in Westport ist großartig. Wir suchen uns einen Pub aus und sehen uns das Spiel an. Trotz aller Begeisterung – auch wir haben etwas rot /grünes an – Mayo verliert. Nun ja, wir sind in Mayo, und so fallen keine großen Jubelgesänge mehr an – die Enttäuschung ist einfach da, die Fans sind offensichtlich niedergeschlagen. Aber nach einigen Pints werden sie sicher schon wieder etwas mehr oben auf sein.

Für unser Abendessen haben wir uns heute einen Italiener ausgesucht. Das „Sol Rio" ist ein sehr schönes Restaurant in der ersten Etage. Auch hier schmeckt es uns wieder sehr gut.

Zum Abschied von Westport geht es heute Abend noch einmal zu „Hoban`s". Da man uns dort schon beinahe als Stammgäste kennt, werden wir von allen Anwesenden sehr freundlich verabschiedet.

----

18. September 2006

Heute fahren wir von Westport aus auf der N 59 mit einem Regenschauer los. Unterwegs warten wieder traumhafte Berg- und Moorlandschaften auf uns. Wir sind auf dem Weg nach Cliften.

Dort in Cliften finden wir das tolle B & B „ Sea Mist House". Wir wohnen dort bei Sheila Griffin und bekommen ein großes Twin-Bed-Zimmer mit sehr schöner Einrichtung.

Das ganze Haus ist wundervoll und freundlich ausgesucht eingerichtet. Es gibt auch einen Wintergarten, in dem man sitzen und frühstücken kann. Neben einem weiteren gemütlichen Frühstücksraum gibt es noch ein Zimmer mit Sofas und Kamin, wo auch die Gäste sitzen dürfen. Als wir uns dort kurz Informationen aus der Bücherei ansehen, kommt Sheila gleich und macht den Kamin für uns an. Da müssen wir bei diesem Service doch gleich etwas länger bleiben, und schließlich lädt dieser Raum mit seinen antiken Möbeln und schönen Wandbildern auch dazu ein.

Sheilas Haus wurde in den letzten 7 Jahren immer wieder ausgezeichnet. Es findet sich in dem Buch „Die besten 100 B & B`s in Irland" wieder. Wir buchen gleich für drei Tage.

Zunächst steht ein Einkaufs-Bummel in Cliften an. In einem kleinen Geschäft, dem „Celtic Kunsthaus" finden wir eine so schöne Auswahl an hübschen Sachen, dass unsere „Karte" weint. Allerdings sind in unserem Einkauf auch schon einige Dinge enthalten, die für kommende Geburtstage und auch schon für Weihnachten sind. Warum „später" noch suchen müssen, wenn sich hier eine richtige Fundgrube anbietet und die ausgewählten Sachen nicht etwa nur Alternativen, sondern wirklich brauchbar und absolut passend sind. Somit haben wir schon die ultimativ richtigen Geschenke.

„Erschöpft vom Einkauf" gibt es erst einmal einen Mittagschlaf, danach Kaffee und Gebäck. Das gibt es bei Sheila umsonst, wie auch sonst in allen guten B & B`s.

Am Abend haben wir im „Derryclare Seafood-Restaurant" reserviert. Dies ist ein sehr schönes Restaurant in Cliften, und es hat eine tolle Speise-Karte. Lamm und Gemüse u.s.w. gibt es für uns, und dann kommt noch ein krönender Abschluss. Zum Dessert leisten wir uns einen „McCluster". Dies ist eine gigantisch faustgroße Kugel Vanille-Nuss-Eis in einem dicken Voll-Schokomantel Obwohl verpönt – hier trifft „voll geil" wirklich zu!

Natürlich finden wir danach wieder einen Pub mit Live-Musik. Man spielt Gitarre, Tin Whistle, Akkordeon, dazu wird gesungen. Hier in diesem Pub treffen wir erstmals auf „viele" Touristen. Ein Bus voll ist in einem Hotel – Amerikaner. Zum Glück (für uns) spielt man hier aber Irische Musik und das Guinness passt auch. Auch sind unsere Touristen hier ganz locker drauf. Wir haben es bei anderen Reisen auch erlebt, dass die Musik auf die anwesende Reisegruppe abgestimmt wird. Da wird bei Amerikanern eben (nur) Gitarrenmusik gereicht – mit allen bekannten Liedern zum Mitsingen, und wir bevorzugen in Irland nun mal eben die Irische Musik.

Neben Wolfgang sitzt ein Mensch, der eigentlich „genau" w i e „Mr. Bean" aus einer Fernseh-Serie aussieht. Der sieht nicht nur so aus, er hat auch die gleiche Gestalt, die gleiche schwarze Frisur, das gleiche Gesicht. Wir können vor Spaß darüber kaum an uns halten. Ist er das nun oder nicht? Gibt es wirklich so einen faszinierenden Doppelgänger?

Gegen Mitternacht spazieren wir zurück zu unserem Haus. Die viel frische Luft tagsüber und die kurzen Nächte fordern ihren Tribut. Gute Nacht!

Ja, ja, immer ein Guinness in der Hand?   Eines sollten wir doch einmal klar stellen: Nein, Alkoholiker sind wir nicht, auch wenn „die" das gleiche von sich behaupten.   Wie sich viele wohl selbst eingestehen, ist solch ein Konsum im Urlaub (fast) immer etwas höher als Zuhause – oder?   Die Urlaubs-Stimmung, die schönen Erlebnisse und vor allem auch die, die man daheim nicht erleben kann, verleiten dazu, auch einmal „fünf gerade sein" zu lassen.   Fasten kann man dann ja gemäßigt Zuhause wieder.

Und selbst beim Frühstück schlägt der eine oder andere doch am gedeckten Tisch mit so einer Auswahl mehr als normal zu – oder?   Und man beachte, bei Sheila gibt es sogar Stoffservietten, einfach ein sehr gutes Haus.

----

19. September 2006

Zur Abwechslung regnet es heute Morgen mal. Wir frühstücken wie die Könige, was ein wunderbarer Tagesanfang ist. Das Frühstück ist nun einmal sagenhaft. Es gibt hier eine Karte des Hauses, wo man sich sein Frühstück auswählen kann. Neben Obst, Käse und vielen Varianten an Müsli und Marmeladen gibt es nach Wahl Kaffee, Tee oder heiße Schokolade. Zum „richtigen" Essen danach gibt es Eier nach Wahl, z. B. außer den normalen bekannten Eiervarianten eben auch Rühreier mit Feta, Rühreier mit Pilzen oder..... .

Ein „Full Irish Breakfast" besteht aus Eiern nach Wunsch, gebratenen Würstchen, gebratenen Pilzen, Bohnen, Tomaten, sowie aus Black & White Pudding. Und der gebratene Frühstücksspeck fehlt natürlich auch nicht. All das ist uns jedoch zu viel, besonders am Morgen. Wir suchen uns eben dann immer das passende Menü für den Tagesanfang aus.

Selbst die „Auswahl" des Angebots ist voll ausreichend bis in den Nachmittag hinein. Für uns gibt es dann die „Soup of the day", eine Suppe des Tages, die fast immer eine Gemüsesuppe ist.

Zur Suppe gibt es meistens dunkles Brot, das auch satt macht, dazu wird Butter gereicht. Überhaupt – jedes Jahr gibt es in Irland mehr dunkles Brot, und manche B & B`s backen auch dieses selbst.

Unser Tagesausflug führt uns heute zur „Kylemore Abbey". Diese ist wohl eines der am meisten fotografierten Motive in Irland. Das Gebäude ist ein schönes altes Schloss, wo auch heute noch Unterricht für Jungen und Mädchen stattfindet (oder jetzt für Nonnen ?). Das Schloss liegt an einem schönen See und die Anlagen laden zum Wandern ein. Es gibt hier auch noch eine niedliche Mini-Kathedrale, die ein früherer Fürst für seine Frau gebaut hat. Leider konnte sie diese Kathedrale nie selbst sehen, da sie vor deren Fertigstellung bei einem Urlaub in Ägypten starb. Nach der Überführung liegt sie nun in einer extra für sie erbauten Ruhestätte.

Zum Gelände gehört auch noch ein wundervoller Garten, den wir natürlich auch besuchen. Dorthin wird man mit einem Shuttlebus gefahren, da das Gelände zwischen Abbey und Garten für normale Besucher gesperrt ist und die Nonnen nicht gestört werden sollen.

Am Abend nehmen wir einen weiteren Festschmaus im „Derryclare Seafood" ein. Wir haben zur Sicherheit einen Tisch bestellt, denn wir haben nach dem Abendessen noch einen weiteren wichtigen Termin einzuhalten.

Übrigens – als Empfehlung von uns - sollte man so oft wie möglich einen Tisch vorbestellen, denn wir haben die Erfahrungen sowohl in Irland als auch in Schottland gemacht, dass selbst sehr junge Leute am Abend essen gehen - und dieses auch schon sehr früh ab 18 Uhr.

Nach wieder tollem Essen führt uns der Weg in eine alte evangelische Kirche in Cliften.   Um 20 Uhr ist dort ein Konzert von „Finghin Collins & The Con Tempo String Quartett".

Es handelt sich um ein Mozart-Konzert, das sich für die Aufführung eine sehr schöne und wohlklingende Umgebung ausgesucht hat.

Dieser Finghin Collins ist als Pianist ziemlich bekannt, reist durch die ganze Welt und soll schon über 700 Konzerte gegeben haben.   Auch die „String-Mitspielerinnen" sind sehr wohlklingend und auch sehr nett anzusehen.

Dieses Konzert findet im Rahmen einer Konzert-Woche in Cliften statt – ein sehr schönes Ereignis. F. C. spielt das ganze Konzert „auswendig", fast nicht zu glauben! Aber es ist wahr, es ist kein elektrisches Klavier.

Während des Konzertes geht draußen ein Unwetter mit Sturm und Regenmassen nieder. Wir beschließen, dass es für heute auch genug für uns ist und gehen dann nach dem Konzert trocken heim – endlich mal kurz v o r Mitternacht.

----

20. September 2006

Das Wetter hat heute noch etwas mit den Ausläufern des gestrigen Unwetters zu kämpfen. Wir beschließen: Wir machen einen Ausflug nach Roundstone. Kurz vor dem Ort rechts befindet sich eine kleine Siedlung, auch mit Dingen, die den traditionellen irischen Sachen zuzuordnen sind.

Dort ist auch eine Silver-Galery! Helgas Puls legt einen Zahn zu. Dort sind wirklich sehr interessante Schmuckstücke in der Auslage, die man nicht alle Tage sieht. Die Künstlerin ist selbst anwesend. Und bei diesen Anblicken, die leuchtende Augen verursachen, da hat auch das Wetter draußen keine Chance auf Aufmerksamkeit mehr. Und selbst Helga meint: „Dieses Geschäft sollte für Frauen verboten werden!"

Da muss ich ihr Recht geben, wenn ich an unsere Urlaubskasse denke. Aber auch hier finden wir passende Geschenke für die nächsten „Gelegenheiten". Und um Weihnachten muss ich mir auch keine Sorgen mehr machen!

Da bietet es sich nach der Rückkehr in Cliften doch an, noch weitere Sachen zu kaufen, um die Mitbringsel für diesen Urlaub abzuschließen.

Zum Abendessen geht`s zu „Fogerty`s". Es gibt Meeresfrüchte mit Pasta und „Irish Bacon".

Die Live-Musik im Pub bis 23.45h vollendet wieder einen gelungenen Tag.

----

21. September 2006

Wir nehmen uns heute Morgen einmal die Zeit, ein Buch in die Hand zu nehmen. Wir haben schon bis jetzt so viele schöne Eindrücke gesammelt, die erst einmal verarbeitet werden wollen, bevor noch weitere hinzu kommen. So komme ich dazu, ein Buch zu lesen, das ich schon zu Hause mal angefangen hatte.

Am Nachmittag fahren wir zur Halbinsel „Enislannen" auf der anderen Seite der Cliften-Bay. Das ist dort mal wieder ein „Durchhalteweg", den wir fahren. Hier war sicher wieder mal noch nie ein deutsches Auto. Aber wir fahren immer weiter, bis es nicht mehr geht und man schon glaubt, hier komme ich nicht wieder zurück – eng ist es hier. Am Ende erwartet uns ein kleiner Hafen, der wird wohl nur noch eventuell von Einheimischen genutzt. Wir stehen an einer Mole und haben Mühe, auf engstem Raum zu wenden. Aber auch das klappt, und wir sind nicht Baden gegangen.

Also, es hat sich mal wieder gelohnt, von den normalen Straßen abzufahren. Nur so kommt man zu traumhaften Orten und fantastischen Ausblicken, die man von einem Touristenbus wohl kaum erleben kann.

Auch gibt es neben dem kleinen Hafen einen kleinen Strand. Wunderschöne Steine gibt es hier. Wenn diese nass sind, kommen ihre Farben besonders zur Geltung – und von denen gibt es erstaunlich viele.

Ein paar müssen als Erinnerung mit, und unser Auto wird mal wieder ein bisschen schwerer.

Abendessen gibt es wieder im „Derryclare Seafood". Das ist wirklich eine tolle Adresse. Das Essen ist wieder sagenhaft. Heute gibt es kein weiteres Pint mehr als Abschluss, denn wir wollen heute einfach mal früher ins Bett, auch um für die nächsten kommenden Tage und Nächte bestens gewappnet zu sein.

----

22. September 2006

Der Sturm hat sich endgültig gelegt. Wir wachen mit Sonnenschein auf. Etwas wehmütig verlassen wir nach wieder einem Super-Frühstück unser „Sea-Mist House" und verabschieden uns von Sheila. Wir sind nun auf dem Weg nach Galway.

Die wunderschöne Landschaft von Connemara entschädigt uns, weil sie einfach toll ist. Seen, Moore und Hügel wechseln sich im atemberaubenden Farbenspiel ab.

In Galway ist viel los – schließlich ist es auch eine große Stadt, vor allem für irische Verhältnisse. Man hatte uns schon in Cliften gesagt, dass wir nicht zu spät dort eintreffen sollen, da es sonst mit einer Unterkunft schwierig werden könnte. In den ersten beiden B & B`s merken wir das, denn die sind schon belegt. Aber was soll es, denn wir finden danach ein sehr freundliches Haus auf dem Lower Salthill – das „Tara House" mit seinen netten Besitzern Anna und Michael. Unsere Unterkunft ist günstig gelegen, denn wir haben nur etwa 25 Minuten zu Fuß bis mitten in die Fußgängerzone von Galway. Mit dem Bus, der direkt vor dem Haus abfährt und 1,30 €/Person kostet, sind es nur 10 Minuten.

In der Fußgängerzone herrscht lebhaftes Treiben. Musikanten spielen auf verschiedenen Instrumenten. Im empfohlenen „Taaffas" docken wir kurz auf ein Pint an, aber es ist uns dort zu voll. Da wir ja erst nur mal schnuppern wollten, gehen wir erst einmal zurück - zum „Tara House".

Zum Abendessen fahren wir mit dem Bus zurück in die City. Unser Auto bleibt am Abend immer schön zu Hause und kann sich ausruhen, während wir viel weniger Schlaf bekommen. Wir besuchen die „Spanish Arche". Das ist ein toller Pub, an dem ein Restaurant angeschlossen ist. Es ist eine tolle Atmosphäre dort in der oberen Etage, da man zwischen alten Mauern sitzt, in deren Nischen sich bedeutende Köpfe aus alter Zeit befinden, die uns zusehen, wie wir Lamm und Lachs verdrücken. Danach fahren wir mit einem Taxi zurück zum Haus.

Das war es aber noch nicht, denn frisch geduscht gehen wir zum „O`Connor Famous Pub". Der ist nur 5 Minuten zu Fuß entfernt und 100 Jahre alt. Der Pub ist sagenhaft dekoriert. An der Decke sieht man, dass wohl jemand alte Lampen gesammelt hat, und am Kamin hängt Unterwäsche aus alter Zeit, aber wohl frisch gewaschen. . Mehrere junge Leute spielen hier die Musik, wie wir sie mögen, traditionell.

Bodhran, verschiedene Flötenarten, Gitarre sind dabei und auch ein Doppelbass. Wir nennen den Bassisten „Mr. Doppel-Bass", da er diesen auf beiden Seiten bearbeitet. Die ganze Truppe ist toll, und die Sängerin „Nuala" hat eine ganz tolle Stimme. Erst nach Mitternacht gehen wir vergnügt nach Hause - wieder ein Super-Tag und natürlich eine Super-Nacht!

23. September 2006

Wir fahren zum „Burren", der zur Umrundung ziemlich groß ist. Der „Burren" ist aus der Eiszeit übrig geblieben. Und er ist fast eine Mondlandschaft, wenn da nicht die vielen Blumen und Pflanzen gedeihen, davon einige nur dort.

Die Landschaft hat eine eigenartige Gesteinsform. Unzählige Risse ziehen sich durch die Steine – sieht mächtig interessant aus. Aus Schutzgründen ist es unter Strafe gestellt, auch nur einen einzigen Stein mitzunehmen.

In Kilfenora besuchen wir das „Burren Center". Dort gibt es auch einen Film über das Gebiet und dessen Geschichte – auch in Deutsch. Wir durchstreifen noch die Ausstellung und schauen uns ein sehr großes altes irisches Hochkreuz außerhalb mit einer alten Abbey an.

In der Cafeteria essen wir eine Kleinigkeit. Es gibt für uns getoastete leckere Lachsschnittchen und Kaffee.

Dann geht es zurück nach Galway. Es heißt erst einmal wieder Kraft tanken für die nächste lange Nacht im Pub – das geht am besten im Bett.

Abendessen gibt es für uns heute in unserem Stadtteil von Galway – dem „Lower Salthill", ein selbständiges Viertel mit Bars, Geschäften und Restaurants. Und der schöne lange Sandstrand ist auch noch bemerkenswert. Und alles ist nur ein paar Minuten von unserem Haus entfernt. Wir essen in „Logan`s Pub", der gleichzeitig auch ein Restaurant ist.

Wieder nur ein paar Minuten und wir stehen wieder vor dem „O`Conners Famous Pub" – wir gehen sogar wieder rein, war doch wohl klar – oder ?

Zu unserer Freude spielt dort heute noch einmal dieselbe Band, die uns schon gestern Abend so begeistert hat. Um 00.30 Uhr gehen wir heim – wieder einmal ein Tag und eine Nacht mit wunderschönen Eindrücken.

----

24. September 2006

Beim Erwachen Regen, beim Frühstück Sonnenschein – kein Problem mit der Reihenfolge. Heute besuchen wir „Brigid`s Garden". Das ist eine wunderschöne Anlage, die den Jahreszeiten nachempfunden wurde. Man sollte sich viel Zeit lassen – wie ja eigentlich überall. Tee, Kaffee und Kuchen locken uns nach dem Rundgang dort.

Auf unserem weiteren Wege besuchen wir das „Aughnanure Castle". Das ist ein sogenannter Wohnturm mit 100 Stufen hinauf – hinunter übrigens auch.

An der Küste entlang fahren wir nach Galway zurück. Frisch gemacht und das nächste Event im Auge. Wir wollen wieder nach Galway hinein. Unser Vermieter Michael fährt uns mit seinem Privatwagen in die City. Er sah uns vor dem Haus am Bus stehen und bestand darauf, weil er gerade Zeit hatte. Wieder ein toller Gastfreundschafts-Beweis für immer hilfsbereite Iren.

Zum Abendessen gehen wir wieder in die „Spanish Arche". Es gibt Lammrücken und Rindmedaillons.

Durch die belebte Fußgängerzone von Galway bummeln wir eine Weile, schauen dem bunten Treiben dort zu, werfen Blicke in die Schaufenster der vielen Geschäfte und hören Straßenmusikanten zu.

Um 21.30 Uhr finden wir in die „Spanish Arche" zurück. Wir wissen, dass dort heute Nuala und Mr. Doppelbass spielen. Heute ist die Musik zwar nicht traditionell, aber dennoch sehr schön. Es gibt Gesang, Gitarre und ein „mexikanisches Rhytmusgerät", das sich fast wie ein perfektes Schlagzeug anhört.

Wir stehen an der Bar. Eine Frau kommt hinzu und bestellt jetzt um 22.30 Uhr wörtlich in deutscher Sprache: „ Zwei Kleine und eine heiße Schokolade". Der Barmensch hinter der Theke schaut etwas verdutzt und in seinem Gesicht erscheint ein großes Fragezeichen. Wir übersetzen ihm den Wunsch und alle Keeper beherrschen sich sichtbar, um nicht in ein wahrscheinlich lautes Lachen auszubrechen.

Wir teilen „der Frau" mit, dass es um diese Zeit keine heiße Schokolade mehr gibt, sie aber natürlich ihre bestellten zwei (kleine) Gläser Guinness bekommt. (Ein großes wäre ein Pint of Guinness.)

Kurze Zeit später kommt die Frau erneut an die Bar und bestellt in deutscher Sprache: „ein Großes".

Die Übersetzung von uns an den Keeper klappt erneut und die Frau bekommt ihr „Pint of Guinness". Während des Zapfens unterhalten wir uns mit der Frau, die aus Usedom kommt. Und es wundert uns nun doch, wie sie Getränke bestellt.   Denn - sie erzählt uns, dass sie schon   o f t   in Irland gewesen ist.   Dann sollte man auch dort in der Landessprache bestellen können, meinen wir.

Mit „der Band" trinken wir noch eine Runde an der Bar.   Dabei erfährt Nuala von Helga, dass Wolfgang um Mitternacht Geburtstag hat.   So genehmigen wir uns noch eine Zugabe und stoßen mit „Happy Birthsday" an, das übrigens von Nuala liebevoll gesungen wurde.

Nur ein paar Taxi-Minuten und wir sind kurz nach 1.oo Uhr wieder zu Hause – was für ein Tag!

----

25. September 2006

Wir verabschieden uns von Galway, unseren netten Gastgebern, den Doherty`s und dem Tara House. Wir haben jetzt nur noch zwei Übernachtungen in Irland und sind noch ziemlich weit von unserer Fähre nach Hause weg. Deshalb fahren wir heute über die halbe Insel von West nach Ost, um nach Kilkenny zu kommen.

An diesen Ort haben wir sehr schöne Erinnerungen aus dem Urlaub 2003. Denn eigentlich hatten wir nur 3 Übernachtungen gebucht, es wurden aber insgesamt 7 Tage, die wir dann in Kilkenny verbracht haben.

Auf unserem Weg besichtigen wir noch in Portumna ein Castle, das wieder restauriert wird. Auch gibt es die berühmte Zwischenmahlzeit in einem Pub – die Gemüsesuppe „Soup oft the day".

Bei Roscrea finden wir die „Abbey Aghaboa", und über Durrow fahren wir weiter nach Kilkenny. Auf Anhieb finden wir unser gebuchtes B & B „Sundown" in der Freshford Road. Nach dieser verhältnismäßig längeren Fahrt gönnen wir uns erst einmal „ Beine hoch".

Unser Abendessen wollen wir im berühmten Pub „Paris – Texas" genießen, so wie vor 3 Jahren. Damals hatte uns eine Band begrüßt und allen Gästen mitgeteilt, dass Helga und Wolfgang hunderte von Meilen gefahren sind, um diese Band hier sehen und hören zu können. Na ja, ein bisschen Eigenreklame kann ja keinem schaden. Für uns war es damals ein Super-Abend. Und Winni, der damalige Besitzer, ließ uns erst gehen, wenn auch niemand mehr etwas „mochte".

Aber - Zeiten ändern sich, denn heute ist der Pub so gut wie leer. Nur zwei Tische sind besetzt, die Karte ist auch sehr geschrumpft. Die Stimmung von damals ist leider nicht mehr da. Wir bleiben somit nach dem Essen auch nicht so lange, wie wir uns dies eigentlich gedacht hatten. Aber vielleicht ist der Pub ja heute auch wieder in Form gekommen, man sollte sich eben vorher informieren. Die heutigen Medien machen es ja wesentlich leichter als damals.

Wir gehen zu „Kyteler`s" auf ein Pint, auch um uns ein wenig die Zeit zu vertreiben, da wir später noch Live-Musik hören wollen. Der Pub ist überraschend sehr interessant. Er hat auch einen Freiluftbereich und einen sehr alten sehenswerten Keller. In früheren Zeiten soll dort sogar einmal ein Mord geschehen sein.

Aber jetzt ist es Zeit, denn bei „Cleere´s" gibt es heute traditionelle Musik. Auch hier waren wir vor drei Jahren für einige lange Nächte.

Und – Überraschung - hier sind ja heute Abend dieselben Musiker! Und auch Jimmy, ein alter Herr aus Kilkenny, ist wieder hier. Der singt hin und wieder alte irische Balladen live. Und auch ein weiterer Ire gibt seine Stimme zum Besten. Der Pub ist gut gefüllt, die Stimmung schon sehr hoch. Das ist doch gerade richtig für Wolfgangs Geburtstag, einfach die richtige Abrundung.

Dann kommt Mary, eine hübsche rothaarige Irin mit einer tollen Stimme. Helga spricht mit ihr, ob sie wohl „The Sally Gardens" kennt, was eines von Wolfgangs Lieblingsliedern ist. Mary geht kurz mit den Musikern nach draußen. Und was folgt – natürlich: Mary singt und die Musiker begleiten sie. Was für ein schönes Geburtstags-Event – mit Tränen in den Augen und gefühlsmäßig kaum zu beschreiben.

Der ganze Pub gratuliert, aber zum Glück ist keine Lokalrunde fällig. Aber in unserer Ecke mit Jimmy, Mary und anderen netten Gästen gibt es doch eine richtige Geburtstagsrunde Guinness.

Die Iren revanchieren sich sehr erfolgreich; da ist es kein Wunder, dass es mal wieder eine lange Nacht wird – Mitternacht ist längst vorbei. Jimmy ruft ein Taxi, und da unser B & B auf seinem Weg liegt, lädt er uns ein, und wir kommen fröhlich und glücklich nach Hause.

Diese Geburtstagsfeier wird unvergesslich bleiben, dauert sie doch eigentlich jetzt schon seit dem 24. September bis heute zum 26. September an.

----

26. September 2006

Eine kurze Nacht, aber Sonnenschein zum Frühstück, es ist alles Ok. Wir fahren heute zum „Woodstock-Park" nach „Inistioge". Dort stehen sehr interessante Bäume, teilweise über 40 Meter hoch. Vegetativ gibt es viel zu sehen. Aber wir haben ja Zeit, und unsere Notverpflegung haben wir auch dabei.

Dann geht`s noch ab zur „Jerpoint Abbey", auch ein absolutes Event. Von der Abbey ist noch ziemlich viel erhalten, ein Besuch lohnt sich wirklich.

Nach wieder viel frischer Luft besuchen wir heute Abend erneut das „Kyteler`s", wo Wolfgang zum letzten Mal in diesem Urlaub ein „Irish Stew" genießt; Helga verspeist ein Lamm. Oh je, das dürfen wir unseren Schafen „Bunglass" und „McGregor" zu Hause aber nicht erzählen. Zum Glück können die beiden ja nicht Lesen.

Es ist unser letzter Abend in Kilkenny und Irland. Wir gehen zu „Ryans", wo wir schon einmal gute Musik erleben durften.

Wir hatten gerade gehört, dass dort auch wieder traditionelle Musik angekündigt ist. Wir wollen zwar heute etwas früher nach Hause, weil morgen Nachmittag unsere Fähre geht und wir ja erst noch nach dort müssen - nach Rosslare Harbour.

Wie so oft in Irland in unseren Urlauben passiert – Überraschung !!! Hier spielt doch tatsächlich heute Abend die junge Band, die wir vor drei Jahren auch schon gehört hatten und deren Musik absolute Spitze ist. Die Gruppe heißt „Tura`s", und die ist wirklich toll ! Hier spielt jemand mit Begeisterung die „Uillean-Pipe", die nicht so schrill wie der schottische Dudelsack klingt. Weiter sind noch Bodhran, Gitarre, Mini-Akkordeon und verschiedene Pipes im Spiel. Und nicht zu vergessen – die Sängerin der Band hat eine Super-Stimme und singt wunderschöne Balladen. Man merkt allen an, dass die richtig Spaß haben – wie natürlich alle im Pub. Mit ihrer Begeisterung stellen sie eigentlich alles in den Schatten, was wir bisher an irischer Musik gehört haben – und das ist in vielen Jahren eine Menge. Die Tura`s spielen 2 ½ Stunden am Stück. Die Stimmung ist toll. Der Uillean-Spieler war mit einem weiteren dieser Art vor drei Jahren schon mal bei „Cleere`s" aufgetreten; damals war er ungefähr erst 15 Jahre alt – und schon damals ein Meister seines Instruments.

Ausgerechnet heute Abend haben wir keine Kamera dabei.   Es sollte ja eigentlich auch nur ein kurzer Abschluss-Rundgang durch Kilkenny werden.

Um 00.30 Uhr fährt uns ein Taxi heim - mein Gott: Was für ein toller Tag heute wieder einmal!

----

27. September 2006

Irland weint – weil wir jetzt nach Hause fahren ?
Es regnet in Strömen auf unserem Weg zur Fähre.
Eigentlich haben wir genug Zeit, aber ein
Spaziergang in einem Park bietet sich heute nicht
an. Auf unserem Weg liegt der kleine Ort
„Inistioge", sehr malerisch an einem Fluss mit einer
uralten Bogenbrücke. Dort gibt es Kaffee für uns.

Dann geht`s weiter Richtung Rosslare Harbour.
Es wird immer stürmischer, und wir sind sehr froh,
heute nicht so weit fahren zu müssen – heute sind
es nur ca. 70 km, eigentlich kein Ding. Es stürmt
jetzt so, dass wir die Scheibenwischer auf der dritten
Stufe in Betrieb haben. Drei Kilometer vor dem
Hafen halten wir noch einmal. Hier gibt es einen
Pub, den wir vor drei Jahren schon kennen gelernt
hatten. Wir haben beide die Gedanken an die
lange Fährfahrt im Kopf, auch die, dass es mit
einem Abendessen an Bord wohl nichts wird. So
gibt es hier im Pub noch einmal die „Soup oft the
day", hinterher noch Cappuccino und Käsekuchen,
wahrscheinlich das letzte Essen an diesem Tag.

Auf den letzten Kilometern verlieren wir im Sturm
unsere Flaggen vom Autodach- jedenfalls sind sie
bei Ankunft im Hafen nicht mehr da.

Anscheinend wollten die Flaggen wohl in Irland bleiben. Vor zwei Kilometern hatten wir sie noch heftig flattern gehört.

Um 16.oo Uhr läuft unsere Fähre (wieder die Normandie) aus. Wir riskieren ein letztes "Pint of Guinness" und machen es uns im Pub gemütlich. Mit Blick aus dem Fenster verfolgen wir das Ablege-Manöver und die Ausfahrt aus dem Hafen. Nicht einmal eine Stunde später schaukelt es schon ganz schön, denn wir kommen in freiere Gewässer. Auch unsere Ahnung bestätigt sich, dass es bei diesem Wetter wohl sehr unruhig werden wird. Der Horizont ist ziemlich schief. Erst dachten wir, dass das Schiff eine Kurve fährt. Aber so eine große und lang andauernde Kurve? Schon bald ist kaum mehr ein Mensch zu sehen. Alles ist auf dem Weg in die Kabinen oder schon dort. Unser Weg dorthin ist schon mehr als schwankend – eher schon ein Taumeln nach rechts und links. Gut, dass wir immer eine Kabine mit eigenem Bad/WC haben.

„Eigentlich" könnten wir keine bessere Kabine haben. Wir sind in der achten Etage und haben die Aussicht direkt nach vorn hinaus, was eine wundervolle Sicht in die Ferne bedeutet – eigentlich! Nur – in dieser Lage so hoch und fast ganz vorn, da gibt es beim Eintauchen des Schiffes auch die meisten „Höhenmeter" zu überwinden.

Wir stehen am Fenster unserer Kabine und schauen etwas zweifelnd hinaus. Erfahrungen mit Überfahrten von bis zu 19 Stunden haben wir schon reichlich gesammelt, sei es bei den Fahrten von Kiel mehrmals nach Norwegen oder eben die Irland-Fahrten hin uns zurück. Wir hatten schon im Skagerrak so Windstärke an die 11 zu spüren bekommen. Solche Wellenberge und Wellentäler, die sich j e t z t vor unseren Augen auftun, die haben wir allerdings noch nie gesehen.

Wenn unser Schiff mit ca. 700 Menschen und vielen hundert Autos „vorne eintaucht", dann scheint es so, als steht es einen Augenblick lang in der Luft. Wir schauen in ein gigantisches „Tal"; man glaubt nicht, dass das Schiff daraus wieder hoch kommt. Fast sieht es so aus wie im Film „Der Sturm", wo das berühmte kleine Fischerboot mit einer riesigen Welle kämpft. Wir haben den Eindruck, dass unser 8. Stock bei jedem Eintauchen geflutet wird. Beim Eintauchen sehen wir „über" uns das Wasser. Mehr als zwei Minuten haben wir das nicht ausgehalten. Eigentlich haben wir aber wohl schon nach dem zweiten Eintauchen unseren Stand mit der horizontalen Lage auf den Betten eingetauscht. Wir haben also liegend eine ehrfürchtige Haltung eingenommen, und es wurde trotz Reisetabletten aber ziemlich „eng". Wir haben uns die ganze Nacht nicht mehr erhoben.

Das dauerte so bis gegen 4.oo Uhr morgens. Und es war nicht nur das „rauf und runter", was das Schiff sich mit uns leistete, es waren auch die extremen Schläge, die das Schiff von der Seite bekam. So hatten wir die Beschäftigung, unsere Lage auf den Betten so einzurichten, dass wir nicht hinaus fielen. Man konnte nur stramm auf dem Rücken liegen, nicht auf der Seite – das schwankte zu sehr – auch im Magen. Auch die Geräusche, die das Schiff machte, waren sehr beunruhigend. Es ächzte und stöhnte, als wollten die Schrauben und Nieten ihren Platz verlassen. Das ging pausenlos. Und in der Nachbarkabine, die wohl nicht besetzt war, schlug pausenlos eine Tür, was ziemlich nervte. An Schlaf war in dieser Nacht nicht zu denken. Helga sagte später, dass sie mehrfach gebetet hat, dass das Schiff dies alles aushält. Und ich kann da auch nur zustimmen.

Später erfahren wir am Morgen, dass wir in die Ausläufer eines Atlantik-Hurrikans geraten waren. Zum Glück nur in Ausläufer? Uns hat es gereicht. Wer hätte sonst auch unseren Bericht schreiben sollen?

Irgendwann kurz vor dem Aufstehen sind wir dann wohl doch noch eingeschlafen und erwachen in französischen Gewässern.

Wir nehmen ganz vorsichtig und zaghaft versuchsweise ein kleines Frühstück zu uns. Die Fähre hat wegen der schlimmen Nacht gut eine Stunde Verspätung, aber sie ist immer noch „auf" dem Wasser. Helgas Gebete haben geholfen.

----

28. September 2006

Um 12.oo Uhr haben wir wieder festen Boden unter den Füßen, bzw. unser Auto hat wieder Straße unter den Rädern. Das Wetter hat sich wieder beruhigt, die Sonne scheint. Für unsere Rückfahrt mit über 900 Kilometern haben wir also gute Voraussetzungen.

Da keine Termine zu Hause auf uns warten, können wir uns Zeit lassen und alles ruhig angehen. Bei Amiens verlieren wir dennoch unnütz Zeit, denn wir verfranzen uns. Wir sehen nur immer Paris auf den Wegweisern, und da wollen wir doch nicht hin. Dann sehen wir den ersten Hinweis auf „Le Havre", und wir sind auf dem richtigen Weg nach Hause. Auf der Hinfahrt hatten wir in dieser Hinsicht überhaupt kein Problem. In Richtung Fähre fanden wir alles gut ausgeschildert.

Unterwegs halten wir noch mehrmals an, was bei dieser großen Strecke ja auch vernünftig ist. Tanken, Essen, Trinken und sonstiges wechseln sich ab.

Wir genießen die ziemlich leere Autobahn in Frankreich, was wohl auch an den vielen Mautstellen liegt.

Man muss zwar etwas bezahlen, dafür sind die Autobahnen aber auch gut in Ordnung, Schlaglöcher spüren wir nicht – auch eine Baustelle hatten wir dort nicht. Es reist sich angenehm mit der Höchstgeschwindigkeit von 130 km/h und dem – wie gesagt – wenigen Verkehr.

In Belgien empfangen uns wieder die beleuchteten Autobahnen. Das hilft uns jetzt gut, denn so eine lange Strecke zu fahren, das sind wir nun einmal nicht gewohnt – sind eben keine Fernfahrer. Und außerdem ist es besonders mühsam, den Rest der über 900 Kilometer langen Strecke auch noch im Dunkeln fahren zu müssen. Aber was bleibt uns übrig – ab Aachen empfängt uns wieder tiefe Nacht auf der Autobahn – der belgische Autobahnstrom ist zu Ende. Nach über insgesamt ungefähr gefahrenen 4300 Kilometern (davon ca.: 2500 Kilometer in Irland) kommen wir kurz vor Mitternacht wieder zu Hause an. Gut, dies ist eine ziemliche Zahl an Kilometern, aber wir haben viel gesehen und alles ist OK. Außerdem waren wir ja 4 Wochen unterwegs, und unsere Tagesetappen waren in Irland fast immer ziemlich klein, was die Kilometer angeht.

Wir stehen vor dem Haus, und unser lieber Kater Moritz, den wir sehr vermisst haben, den unsere Nachbarin aber sehr gut versorgt hat, begrüßt uns freudig.

Es war eine wunderschöne Reise mit so vielen unglaublichen Eindrücken, aber nach vier Wochen wieder zu Hause zu sein, das ist auch wieder schön.

Irland – wir sehen uns trotzdem wieder, vielleicht schon 2008 ?

E N D E

Auf den nächsten beiden Seiten gibt es noch einige Eindrücke aus Irland, optisch und musikalisch.

Epilog:

Unsere Erlebnisse in diesem Irischen Tagebuch sind - wie erwähnt - schon einige Jahre her.

Es wird daher empfohlen, v o r einer beabsichtigten Reise oder Buchung jeweils den „aktuellen" Stand im Netz oder anderweitig zu erfragen, da für die Aktualität der in diesem Bericht genannten Personen und Sachen ansonsten keine Gewähr auf Aktualität pp. übernommen werden kann.

B & B`s können den Besitzer wechseln, schließen und nicht mehr zur Verfügung stehen

Restaurants können schließen, können andere Köche bekommen, die Änderungen bedeuten.

W i r haben in den genannten Orten pp. so super gegessen, wie wir es beschrieben haben. Wir bekommen keine Vergünstigungen für Werbung. Und wenn wir hören, dass man in Irland nicht vernünftig Essen kann, dann wissen wir nicht, wo d i e denn gegessen haben.

Viel Spaß

beim nächsten Irland-Besuch!

Sheep Fight For Freedom

(in Englisch – **Roman** -   ISBN 9783741279713)

vier letzte Tage im Februar

(ein **Kriminal** - Roman)

ISBN   9783743195417

**Eine falsche Badehose im Haifisch – Becken
kann tödlich sein**

(ein tödlicher **Kriminal** – Roman aus dem Bereich

der Finanzen und Bilanzen   -   260 Seiten)

(ISBN 9783744835091)

Sämtliche Bücher

**können in jedem Buchgeschäft in Europa, den
USA und in Kanada   „bestellt"   werden**

**u n d   sind jeweils a u c h   als E - Book
erhältlich.**